Le Monde Etrange des Troglodytes

Suzanne Quéré
&
Roger Gaborieau

Seconde édition

Le Monde Etrange des Troglodytes

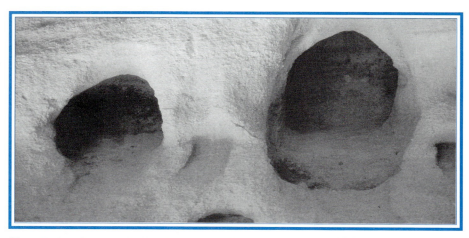

Nous tenons à remercier les personnes suivantes qui nous ont aidés dans notre travail de recherche et qui ont su nous apporter tout leur soutien.

Monsieur Laurent Boron, Directeur de l'Office du Tourisme du Pays Saumurois
Monsieur Billet Jean-Yves
Mademoiselle Le Bourdoulous Catherine
Madame Lebreton
Monsieur Raffault Raymond
Monsieur Beauvilain
L'Office du Tourisme de Chinon
L'Office du Tourisme de Bourgueil
L'Office du Tourisme de Rochecorbon
L'Association du Carrefour Anjou-Touraine-Poitou du Pays Saumurois et plus particulièrement à sa directrice Madame Marie Foyer
Monsieur Carreau des Grottes Pétrifiantes
Monsieur Reytinat de la Grande Vignolle

Tous droits de traduction, de reproduction et d'adaptation réservés pour tous les pays.

"La loi du 11 mars 1957 n'autorisant, aux termes des alinéas 2 et 3 de l'article 41, d'une part, que les "copies ou reproductions strictement réservées à l'usage privé du copiste et non destinées à une utilisation collective" et, d'autre part, que les analyses et les courtes citations dans un but d'exemple et d'illustration, " toute représentation ou reproduction intégrale, ou partielle, faite sans le consentement de l'auteur ou de ses ayants droit ou ayants cause, est illicite" (alinéa 1er de l'article 40).
"Cette représentation ou reproduction, par quelque procédé que ce soit, constituerait donc une contrefaçon sanctionnée par les articles 425 et suivants du Code pénal".

 Editions C.M.D. 1993
396, rue de la Salle
49260 - Montreuil-Bellay
Tél : 41 - 38 - 70 - 76   Fax : 41 - 38 - 35 - 20

ISBN 2-909826-07-4

Le Monde Etrange des Troglodytes

*Si l'on s'en tient à la définition du dictionnaire, le troglodyte est celui qui vit dans une cave et, plus généralement, sous la terre.
Pour évoquer les maisons creusées dans la roche,
le terme de troglodyte est donc impropre. Nous l'employons pourtant dans cet ouvrage, n'en déplaise aux puristes qui, comme Martine Hubert Pelletier, recommandent de désigner l'habitation du troglodyte en utilisant l'adjectif correspondant.
Nous devrions donc écrire «habitat troglodityque».*

*Mais au cours de vos promenades en Val de Loire et en Touraine, vous entendrez les habitants parler de «visiter les troglodytes»
ou de «circuits troglodytes».*

*Le mot est passé dans l'usage, sous cette forme.
Pourquoi, dès lors, ne pas s'en servir comme tel ?*

* «La Touraine des Troglodytes». Editions C.D.L.

Le Monde Etrange des Troglodytes

Sommaire

Introduction	page 5
Il était une fois...	page 7
Comprendre le phénomène troglodytique	page 9
Les quatre grands types de troglodytes	page 10
Les troglos d'aujourd'hui, de nouvelles vocations	page 14
Les sites du Maine-et-Loire	page 15
Les sites de l'Indre-et-Loire	page 22
Les circuits du Maine-et-Loire	page 26
Les circuits de l'Indre-et-Loire	page 29
Déjeuner et dîner dans les troglos	page 33
Déguster et acheter du vin dans les troglos	page 34
Dormir dans les troglos	page 36
Danser dans les troglos	page 36

Le Monde Etrange des Troglodytes

Partir à la découverte du Val de Loire, c'est s'exposer à une suite d'émotions intenses, entrer pas à pas dans l'intimité d'une région où les hommes ont vécu pendant des siècles au rythme de la Loire, le fleuve royal.

Leur mode de vie s'est réglé sur les avantages qu'ils pouvaient en tirer, mais aussi sur les aléas que le fleuve capricieux leur faisait subir.

Chargé d'histoire, le Val de Loire avec ses châteaux célèbres et majestueux, est une région à forte personnalité. Les hommes y ont vécu durement, jouissant de ressources nombreuses, mais au prix d'un travail acharné et d'une exploitation âpre de ce que la nature avait mis à leur disposition.

Ce caractère particulier à la Vallée de la Loire s'illustre notamment à travers le troglodytisme, étonnamment développé d'Angers à Orléans, avec un centre particulièrement important dans le Saumurois.

A son sol, la région doit ses plus grandes richesses : le vignoble, la pierre qui a bâti les plus belles demeures de nos villes et les plus beaux châteaux de nos campagnes.

Mais son sous-sol recèle aussi les plus surprenantes curiosités : gigantesques caves de tuffeau creusées dans les côteaux et dont certaines mesurent plusieurs kilomètres de long, villages, fermes et hameaux souterrains où pendant des siècles la civilisation du roc s'est développée.

Ces hommes et ces femmes qui vivaient à l'écart de la voûte céleste en lui préférant les voûtes rocheuses, n'avaient pas tous les mêmes raisons de s'enterrer dans leurs logements. S'il était parfois uniquement dû à son aspect économique, l'habitat troglodytique n'était pas pour autant le logement du pauvre. Le croire serait commettre une erreur démentie à tout instant par la découverte d'une véritable civilisation souterraine.

Tous les éléments d'une vie communautaire semblable, dans ses structures, à celle «du-dessus» s'y trouvent réunis : habitat rural, bourgeois voire seigneurial. Tous les outils architecturaux nécessaires à la vie courante peuvent également être rencontrés : puits, fours à pain, pressoirs, cheminées, étables, aménagements intérieurs figurent dans l'habitat troglodytique.

C'est donc bien d'un mode de vie à part entière dont il s'agit, ou plutôt dont il s'agissait car s'il est vrai que quelques troglodytes sont encore occupés de nos jours, cette civilisation appartient désormais au passé. Elle a laissé sa trace dans l'esprit des ligériens* et s'inscrit maintenant dans le patrimoine architectural et humain du Val de Loire. Un patrimoine que beaucoup aujourd'hui veulent préserver, montrer, en faire partager les émotions et l'histoire, à tous ceux qui désirent le découvrir avec un esprit ouvert et curieux.

Les troglodytes de notre époque ont souvent été reconvertis après restauration. Certains ont été maintenus en l'état et constituent de passionnants musées d'une grande richesse historique et ethnologique; d'autres ont trouvé une vocation industrielle (vins, champignons).

Cet ouvrage qui n'a pas la prétention d'être exhaustif sur le phénomène troglodytique en Val de Loire et en Touraine, souhaite fournir quelques clés pour une découverte plus facile des maisons creusées dans le sol et des hommes qui les habitaient.

Les circuits proposés par les Offices du Tourisme ou les associations de promotion du troglodytisme, y sont présentés.

Enfin, les grands sites troglodytiques y sont répertoriés avec les renseignements pratiques les concernant : restaurants, gîtes, musées, caves à vins...

Bonnes promenades en Val de Loire sur le chemin des «troglos»!

* Ligérien : relatif à la Loire.

Le Monde Etrange des Troglodytes

Il était une fois...

...à une quinzaine de kilomètres au sud-ouest de Saumur, un village nommé Rochemenier dont rien - ou presque rien - ne laisse en surface deviner la présence.

Construit, ou, plus exactement creusé aux XVIIème et XVIIIème siècles, Rochemenier est sans doute l'ensemble troglodytique le plus remarquable de la vallée de la Loire. Aucune cave ou cour n'y a d'origine naturelle. Tout est dû à la main de l'homme.

Au commencement était une plaine au sous-sol de falun, sorte de sable calcaire, riche en fossiles, témoin d'une vie d'un très lointain passé, ères secondaire et tertiaire. Ce sable était répandu sur les terres très acides situées dans les environs. Cette habitude de chauler le sol permettait aux paysans d'en neutraliser l'acidité.

L'extraction du sable donnait l'occasion aux paysans d'installer une ferme souterraine à bon compte. L'opération débutait par le creusement de la cour. Celui-ci dégageait une sorte de falaise d'environ quatre à cinq mètres de profondeur dans laquelle était ensuite taillées l'habitation et toutes les dépendances nécessaires à la vie de la ferme. La vente des milliers de mètres cubes extraits du sous-sol payait l'achat du terrain du dessus et les salaires des ouvriers ayant participé au creusement. Cette technique était si avantageuse, comparée à la construction classique d'une ferme (pierres, charpente, toiture...), que Rochemenier compte plus de 250 caves.

Il serait aujourd'hui impossible d'en creuser de nouvelles sans déboucher dans une cave voisine, tant le réseau est fourni. L'ensemble regroupait ainsi quarante fermes complètes avec granges et remises, celliers, étables, fournils, pièces d'habitation, ...

Les salles de veillée réunissaient les habitants pendant les longues soirées d'hiver. On y bavardait en cassant les noix et en fabriquant les paniers d'osier. La cheminée n'y était pas utile : l'hiver, la chaleur humaine des «veilleurs» chaudement vêtus suffisait à produire les douze degrés considérés à cette époque, comme confortables par rapport à la température extérieure.

Souterraine également, l'ancienne chapelle a été installée au XVème siècle dans une carrière. Des arcs gothiques, une croix et des niches pour les statues ont été taillés dans la pierre. La salle présente un plan en forme de croix. Elle se trouve aujourd'hui sous l'église «de surface», incendiée pendant les guerres de religion; ce qui explique vraisemblablement l'installation souterraine de cette chapelle.

Intérieur d'un habitat troglodytique

Comprendre le phénomène troglodytique

Les origines

Tout au long du Val de Loire, les côteaux et les plaines recèlent des grottes, des cavernes, des excavations qui, sauf rares exceptions, sont le résultat de la main de l'homme. Le tuffeau, pierre de construction par excellence d'Orléans à Nantes, a été extrait des côteaux qui bordent le fleuve royal.

En Anjou, pas moins de quarante-deux carrières fonctionnaient encore à la fin du XIXème siècle. Deux seulement aujourd'hui sont encore exploitées : l'une à Saint-Cyr-en-Bourg et l'autre à Louerre. Mais les sites troglodytiques dus à l'extraction du tuffeau à des fins de construction ou de falun (en plaine) ne suffisent pas à expliquer leur totalité.

Celui-ci reflète un véritable mode de vie régional. Sur les 400 kilomètres carrés du Saumurois, des hameaux, des villages ou des habitations isolées entièrement creusés dans le sous-sol révèlent tous les types d'habitats: rural (avec des fermes complètes sous le niveau du sol), bourgeois, seigneurial, religieux.

Pendant plusieurs siècles, ce mode de vie souterrain a créé ses propres traditions, son langage, ses histoires et ses légendes. Son origine a pu être établie dès le XIIème siècle mais les traces les plus nombreuses de cette vie sous terre remontent au XVème siècle.

> *La plupart du temps, les habitations troglodytiques étaient creusées dans le but d'être investies par les familles. Elles formaient ainsi des logements sûrs car très renfermés, isothermes, peu coûteux à entretenir et extensibles selon l'accroissement de la famille. L'arrivée des enfants impliquait de les loger. Creuser une pièce supplémentaire ne posait en soi aucun problème.*

Les quatre grands types de troglodytes

Le Val de Loire a produit au cours des âges, différents types de troglodytes en relation avec l'activité des hommes. Quatre sortes d'excavations sont fréquemment rencontrées.

1° Les carrières de falun et de tuffeau

Elles sont utilisées aujourd'hui à des fins industrielles car leurs dimensions sont des plus impressionnantes. Certaines mesurent plusieurs kilomètres. Les industriels du champignon et quelques producteurs importants de vins occupent quelques-unes de ces galeries. Il est à noter qu'un grand nombre est à ce jour, à l'abandon. On estime à mille kilomètres l'importance de ces galeries creusées dans le tuffeau des seuls côteaux de la Loire.

2° Les souterrains-refuges

Il semble qu'ils furent très nombreux en Anjou mais très peu sont encore visibles de nos jours car les éboulements en ont obturé les accès. Ceux-ci, pour des raisons évidentes de défense, étaient constitués par des boyaux étroits et cachés. Dans les salles, des conduits étaient aménagés. Des trous de visée permettaient de défendre en enfilade le refuge. Toutes les conditions de vie pour un habitat temporaire étaient réunies : aérations, réserves et silos, puits, placards...

Des traces de présence humaine (premières peintures et bas-reliefs) peuvent être de la fin du Paléolithique. Mais des millénaires furent nécessaires à l'homme pour prendre possession du monde souterrain, s'y mettre à l'abri des animaux dangereux, du froid, etc...

Beaucoup plus tard, on s'y protégea des romains pendant la conquête des Gaules. Encore plus tard, les religieux ermites trouvaient la sérénité dans les trous de la roche. Les périodes troublées du Haut-Moyen-Age inciteront les populations ligériennes à retravailler les grottes pour en faire des refuges sûrs, pleins de pièges pour l'assaillant non averti !

Plus proches de nous, les bombardements de la dernière Guerre Mondiale renvoyèrent les habitants dans les caves. Quant aux organisations de la Résistance, on imagine facilement quel profit elles ont pu tirer de la connaissance de cette «géographie souterraine».

3° *Les troglodytes en côteaux*

De très nombreux côteaux de la vallée de la Loire ont été creusés par les hommes pour y être habités. Du plus modeste au plus riche architecturalement, ce type d'habitat troglodytique a été modifié, remis au goût du jour en quelque sorte, au fil des siècles.

La technique consistait à creuser le flan du côteau pour y réaliser le nombre de pièces désiré. Portes et fenêtres pouvaient être les seuls aménagements des façades; d'autres, au contraire, ont fait l'objet d'une maçonnerie rappelant celle des maisons traditionnelles.

Ainsi, à Turquant, la Grande Vignolle, ensemble du XVIème siècle, montre le soin des constructeurs à donner une façade digne des plus belles demeures de l'époque à une suite d'habitations troglodytiques.

Illustration d'un habitat troglodytique de côteau à Montsoreau

La falaise du côteau était creusée avec de larges ouvertures, bouchées ensuite pour former la façade par des maçonneries plus ou moins riches, selon la situation sociale du propriétaire.

Parfois, la partie troglodytique était prolongée sur l'extérieur, d'une partie traditionnelle couverte d'une charpente et d'une toiture s'appuyant sur la falaise. On parle dans ce cas d'habitations semi-troglodytiques.

Il en reste aujourd'hui un étonnant témoignage du passé, non seulement monumental mais aussi humain : maisons, manoirs, chapelles et pigeonniers y côtoient de modestes pressoirs, fours à pain ou logement des mariniers de la Loire.

4° Les troglodytes en plaine

Lorsqu'on s'éloigne des rives de la Loire, on ne quitte pas pour autant le phénomène troglodytique qui, en Saumurois en particulier, reste important également en plaine. Il y est même encore très vivant car de très beaux sites peuvent être visités et certains sont encore habités.

Deux types de troglodytes très différents se rencontrent en plaine, selon la nature même du sous-sol.

Dans la plaine de tuffeau

Les logements creusés dans cette pierre tendre, forment de véritables souterrains constitués souvent pour une destination d'habitat à l'issue de l'extraction de la pierre, qui, elle, a servi à la construction des beaux immeubles de la vallée de la Loire. Parmi les plus représentatifs, citons La Rousselière aux Ulmes et le Quartier de la Seigneurie au Coudray-Macouard.

Habitat troglodytique de plaine. Rue des Perrières à Doué-la-Fontaine.

Dans la plaine de falun

Le falun, pierre coquillère, faisait l'objet d'une technique d'extraction très particulière. Des carrières, il ne reste aujourd'hui que les "cathédrales", vastes salles en ogive, reconverties parfois en habitat lorsqu'il était possible de bénéficier d'un accès à ciel ouvert. La rue des Perrières à Doué-la-Fontaine est un site remarquable illustrant cette technique dont certaines "cathédrales" atteignent entre 20 et 25 mètres.

Egalement à Doué-la-Fontaine, le parc zoologique des Minières a été installé dans d'anciennes carrières de falun. Les visiteurs peuvent y voir des tunnels, des cathédrales et des espaces d'extraction à ciel ouvert. A noter également le site de Louresse-Rochemenier.

La technique d'extraction en «cathédrale» se faisait directement depuis le sol, en salles évasées reliées entre-elles. La plus impressionnante se trouve à Douces, à Doué-la-Fontaine, ses parois de douze à quinze mètres de haut encadrent des enfilades de cinq à dix salles.

Ce document laisse clairement apparaître une salle en ogive appelée "cathédrale".

Les troglos d'aujourd'hui, de nouvelles vocations

Les activités troglodytiques d'aujourd'hui perpétuent ce mode de vie propre au Val de Loire. Si l'on ne vit plus guère (au sens habiter) sous la terre, de très nombreux ligériens passent encore une bonne partie de leur vie dans les troglodytes, tout simplement parce qu'ils y travaillent.

Les troglodytes industriels

Le vin

Les centaines de kilomètres de carrières creusées dans les coteaux constituent d'excellentes caves où s'élaborent les vins pétillants ou tranquilles des vignobles du Val de Loire. Toutes les grandes maisons de Saumur Brut sont installées dans le tuffeau depuis environ un siècle.

Les champignons

Autre reconversion industrielle : la culture du champignon. Les producteurs du Saumurois fournissent les trois quarts de la production française totale du champignon de ... Paris. Producteurs industriels ou artisanaux trouvent dans les caves de tuffeau, les conditions idéales pour cette culture qui, malheureusement, traverse depuis plusieurs années une grave crise.

Les troglos "patrimoine"

Ce sont la plupart du temps les initiatives de particuliers qui permettent de sauver des habitations troglodytiques de l'oubli ou de la destruction.
De plus en plus fréquemment, des troglos sont ainsi rachetés pour être restaurés afin de les rendre habitables et confortables. Leur destination est généralement tournée vers l'accueil sous la forme de gîtes ruraux ou de résidences secondaires.

Les troglos culturels

Les collectivités locales s'inscrivent également dans ce mouvement de sauvegarde du patrimoine troglodytique du Val de Loire, relayées en cela par des professionnels. Des sites troglodytiques sont ainsi devenus des auberges de jeunesse, des restaurants, des musées etc...
Mouvement en marche, la restauration des troglodytes en tant que lieux d'animation, a mis en évidence un monde de convivialité ressurgi du passé, où des fêtes annuelles trouvent un cadre idéal dans les villages.

LES SITES
Maine-et-Loire

Saint-Georges-des-Sept-Voies

L'Orbière

A Saint-Georges-des-Sept-Voies, l'Orbière est un site troglodytique dû à la main du sculpteur Warminisky. A voir absolument, son hélice terrestre, oeuvre gigantesque taillée dans la roche. Une salle est consacrée à la découverte de l'architecture troglodytique à l'aide d'ingénieuses maquettes.

Horaires
- ouvert toute l'année, tous les jours. Tél: 41.57.95.92

Louresse-Rochemenier

Village troglodytique présentant un ensemble remarquable (voir page 7 et 8).

Horaires
- du 1er avril au 31 octobre : tous les jours de 9h30 à 12h00 et de 14h00 à 19h00
- fév.mars.nov W.E et J.F de 14h00 à 18h00
- fermé en décembre et janvier. Tél: 41.59.18.15

Doué-la-Fontaine

La Boutinière

Près du Moulin Gourre - Route de Doué-la-Fontaine

A Louresse-Rochemenier, la Boutinière date du XVIIIe siècle. Les dépendances habitées, fort bien restaurées, peuvent accueillir des expositions artistiques.

Horaires
- seulement sur R.V. Tél: 41.59.79.33

Les Perrières

Le site des Perrières à Doué-la-Fontaine, a été restauré par la collectivité locale pour en faire un lieu d'accueil. Creusées dans le falun, les Perrières présentent une suite de «cathédrales» typiques de l'extraction de la pierre. Une vaste cour en sous-sol en permet l'accès depuis la rue. Ce site est un exemple de restauration et de modernisation d'un habitat troglodytique transformé en un lieu collectif avec salle de réunion, hébergement, amphithéâtre, sanitaires, etc...

Les Perrières à
Doué-la-
Fontaine.
Photo d'un
porche.

La rue des Perrières à Doué-la-Fontaine, présente également une suite d'habitats troglodytiques en bon état dont certains sont encore occupés en permanence.

A proximité immédiate, un grand nombre de «cathédrales» désaffectées attendent une probable rénovation qui permettra peut-être un jour, leur ouverture au public.

Le zoo de Doué-la-Fontaine

Dans le site d'anciennes carrières de falun, plus exactement de pierres coquillières, le parc zoologique des Minières de Doué-la-Fontaine est une curiosité naturelle qui vaut le détour.

Girafes devant le mur d'une fosse creusée par l'homme.

Le Monde Etrange des Troglodytes

M.M. Pierre et Louis Gay, propriétaires du zoo depuis 30 ans, ont réuni plus de 500 animaux dont une collection de rares spécimens en voie d'extinction.
L'originalité du site offre aux locataires et aux visiteurs un cadre magnifique unique en son genre. Et pour ceux qui sont à la recherche d'explications sur notre environnement, le Naturoscope pourra peut-être répondre à leurs questions.

Horaires
- du 1er octobre à Pâques tous les jours de 9h00 à 12h30 et de 14h00 à 18h00.
- de Pâques au 30 septembre. tous les jours de 9h00 à 19h00.
Tél.: 41.59.18.58

Forges

La Fosse

Aux Forges, près de Doué-la-Fontaine, une ferme troglodytique datant du début du XVIIème siècle, est ouverte au public. Le visiteur peut y découvrir tous les aspects de la vie rurale souterraine. Ces habitations creusées sous le niveau du sol, forment un hameau où pouvaient vivre 3 à 4 familles. Les seuls éléments apparents sont les cheminées qui jaillissent du sol, au milieu du jardin qui n'est autre que le...toit.
Ce site est l'un des plus représentatifs de la région. A voir sans faute le séchoir à chanvre, les silos à grains enterrés et le puits à deux niveaux.
Depuis 1979, une famille a entrepris sa restauration afin de proposer à tous les visiteurs un site des plus remarquables.

Horaires
- du 1 Juillet au 30 sept. de 9h30 à 19h30
- du 1 mars au 30 juin et du 1 oct. au 31 oct. de 9h30 à 12h30 et de 14h00 à 18h00 sauf le lundi
Tél: 41.59.00.32

La Fosse. Photographie d'un intérieur.

Denezé-sous-Doué

La Caverne sculptée

Ancienne carrière d'extraction de tuffeau, la cave sculptée de Denezé-sous-Doué a également servi de refuge et de lieu initiatique. Situé en plein bourg de Denezé, c'est un monument étrange qui conserve encore beaucoup de mystère en raison de l'oeuvre sculpturale datant du XVIème siècle qu'elle présente et qui fut taillée directement dans le tuffeau.

Plusieurs centaines de personnages sculptés par des tailleurs de pierre libertaires, expriment l'humour truculent de ces hommes. Ils bravaient-là les interdits royaux de Villers-Cotterêts (1539) qui abolissaient les confréries de métiers.

Véritable joyau d'art populaire du XVIème siècle, la caverne sculptée de Denezé est aujourd'hui gravement menacée par la pollution qui s'infiltre du sol.

Horaires
- de Pâques à la Toussaint de 14h00 à 19h00.
- du 1er juillet au 31 août de 10h00 à 19h00 Tél: 41.59.15.40 ou 41.59.08.80

Détail de la Caverne Sculptée.

Préban

La cave aux Moines

A Préban, entre Chenehutte et Trèves, six kilomètres de galeries creusées dans le tuffeau présentent un élevage de 3.000 escargots, la culture de quatre variétés de champignons, les meilleurs vins d'Anjou et de Saumur avec une exposition consacrée aux techniques de vinification (dégustation et vente), ainsi qu'un restaurant en cave. Le site aurait été creusé dès le XIème siècle. A voir aussi la collection de maquettes de bateaux de Loire de Monsieur Jacques Robin, autre aspect de la culture ligérienne.
Horaires
- de Pâques au 1er octobre de 10h00 à 19h00. Tél: 41.51.35.55

Saint-Hilaire-Saint-Florent

Le Musée du Champignon

A St-Hilaire-St-Florent, une ancienne champignonnière a été reconvertie en site pédagogique. La culture du champignon de Paris, une des principales activités agro-alimentaires de la vallée de la Loire, y est expliquée dans ses moindres détails. Ce musée offre également aux visiteurs en exclusivité, l'histoire de l'exploitation de la pierre de tuffeau, cette pierre typiquement régionale dans laquelle on peut trouver de nombreux fossiles et qui a permis la construction de nos belles demeures et beaux châteaux.

Horaires
- du 15 février au 15 nov. de 10h00 à 18h00. En saison, jusqu'à 19h00. Tél.: 41.50.31.55

Le Coudray-Macouard

La commune est bâtie sur une colline calcaire dont le sous-sol a été creusé pour fournir le matériau nécessaire à l'édification des grandes demeures bourgeoises et seigneuriales qui composent le village.

Sous la seigneurie, demeure du XIIème siècle, d'immenses caves de tuffeau ont été exploitées pendant plusieurs siècles par l'agriculture. Granges, étables, caves, pressoirs et remises sont restés en l'état depuis le début du siècle.

Horaires
- ouvert toute l'année.
- fermé les lundi, mercredi et vendredi. Tél.: 41.67.98.10

Le Coudray-Macouard.

Parnay

Le château du Marconnay

Le château troglodytique du Marconnay, datant des XVème et XVIIIème siècles, témoigne sur le côteau de Parnay, que le choix du troglodytisme n'était pas uniquement fondé sur des raisons économiques. Bourgeois et nobles s'installaient aussi dans la roche blanche. Caves vinicoles avec dégustation et vente de vins de la Loire.

Horaires
- *du 1er avril au 30 septembre de 10h00 à 12h30 et de 14h00 à 18h30.*
- *du 1er octobre au 31 mars de 14h00 à 18h00 le W.E. et jours fériés. Tél.: 41.67.24.14.*

Turquant

Le moulin de la Herpinière

Le moulin de la Herpinière est situé au milieu des vignes de Champigny. Datant du XVème siècle, il a su conserver son caractère authentique avec à ses pieds, un ensemble troglodytique propre aux moulins caviers. Un moulin cavier est édifié au-dessus de caves troglodytiques où sont logées les meules. Un cône en tuffeau est bâti au sommet duquel une cabine en bois orientable, la hucherolle, contient les ailes.

Horaires
- *mai, juin, septembre et octobre de 10h00 à 12h00 et de 14h00 à 18h00 tous les jours.*
- *juillet, août de 10h00 à 20h00 tous les jours.*
- *autres mois, W.E. et J.F. de 14h00 à 18h00.*
- *fermé en janvier et février. Groupes sur R.V. toute l'année. Tél.: 41.51.75.22*

La Grande Vignolle à Turquant

La Grande Vignolle est sans doute l'un des ensembles troglodytes les plus remarquables de la Vallée de la Loire. Restaurée récemment, elle date du XVIème siècle. Des

salles creusées dans le côteau-même débouchent sur la Loire qu'elles dominent d'une quinzaine de mètres de hauteur. Un restaurant accueillant permet d'apprécier une cuisine traditionnelle et de déguster les meilleurs crus de la région. La Grande Vignolle témoigne des activités viticoles actuelles et passées de la région. Activités culturelles durant l'été.

Horaires
- *du 1er mai au 15 octobre de 10h00 à 19h00. Tél.: 41.38.16.44*

Troglo'Tap

A Turquant, blotties sur la falaise troglodytique, les caves du "Haut-Midi" valent le détour car à l'intérieur, se prépare une recette des "Pommes tapées", recette oubliée depuis des lustres et que Monsieur Alain Ludin a su faire revivre dans une ambiance du XIXème siècle. A cette époque, l'Angleterre en était la principale consommatrice.

Horaires
- *de Pâques au 11 novembre de 10h00 à 12h00 et de 14h30 à 18h30.*
- *juin et septembre de 14h30 à 18h30 tous les jours sauf le lundi.*
- *juillet et août de 10h00 à 12h00 et de 14h30 à 18h30 sauf le lundi.*
- *fermé du 15 décembre au 15 février. Tél.: 41.51.48.30.*

Intérieur d'une des caves du Haut-Midi à Turquant.

Montsoreau

Le Saut-aux-Loups

Proche de la Grande Vignolle, le Saut-aux-Loups est une ancienne carrière transformée en champignonnière. Ses propriétaires, MM. Neveu, vous feront découvrir la culture des champignons. Ses galeries, creusées pour extraire le tuffeau, datent du XVème siècle.

Horaires
- *du 1er mars au 11 novembre de 10h00 à 18h30. Tél.: 41.51.70.30.*

LES SITES
Indre-et-Loire

Les troglodytes de la vallée de la Vienne se situent essentiellement entre la Vienne, la Loire et la forêt de Chinon.

Chinon

Chinon est avant tout une ville médiévale dont certains quartiers ont été construits au pied du château, à flanc de côteau. Quatre sites troglodytiques remarquables valent bien qu'on s'y arrête.

La Chapelle Sainte-Radegonde

Cette magnifique chapelle a été creusée dans le rocher. Elle date des VIème, XIème et XIIIème siècles. Cet édifice a une partie excavée dont les parois rocheuses sont ornées de splendides peintures murales. Sa voûte, surélevée au XIIIème siècle, est soutenue par des piliers monolithes. Elle abrite aujourd'hui un musée d'Arts et de Traditions Populaires.

Pour la visite, téléphoner à l'Office du Tourisme au 47.93.17.85

Les Caves Painctes

Les caves painctes sont le lieu de rassemblement de la Confrérie des Bons Entonneurs Rabelaisiens. Bien que cet endroit troglodytique soit magnifique, il ne peut malheureusement être visité. Cinq salles peuvent cependant être louées pour des réceptions.

Renseignements au 47.93.30.44

La cave Monplaisir

Cette cave est une ancienne carrière souterraine de plus de 2.500 m^2. C'est de là qu'une grande partie des pierres de tuffeau nécessaires à la construction des édifices de la région, a été extraite. Transformée aujourd'hui en cave, des vins y sont stockés pour vieillir tranquillement. Plus de 500 barriques et des dizaines de milliers de bouteilles de vins de la région y sont entreposées et offrent un spectacle grandiose. A noter également que des salles troglodytiques sont à louer pour des réceptions..., l'une d'entre-elles possède une cheminée gigantesque. Le visiteur pourra y déguster des vins régionaux dont la réputation a déjà largement dépassé nos frontières.

Horaires
- du 1er avril au 15 novembre : du lundi au samedi de 10h00 à 12h00 et de 14h00 à 19h30. Le dimanche de 10h00 à 12h30 et de 15h00 à 19h30. Hors saison, téléphoner au 47.93.20.75

Le Monde Etrange des Troglodytes

La Cave Monplaisir, un spectacle grandiose.

Rochecorbon

Le manoir des Basses-Rivières

Ce manoir, adossé au flanc méridional d'une falaise de tuffeau, a été construit par la Marquise de Doisonville en 1713.
Pour l'admirer, il faut se laisser tenter par la promenade proposée à travers son parc classé et la falaise pleine de curiosités. Vous découvrirez :
- Son puits cheminée qu'on présente comme le plus haut du département.
- Son logis troglodytique de vigneron, datant du XIe, récemment découvert et parfaitement conservé.
- Son escalier unique du XVe qui vous fera descendre à l'intérieur du rocher d'une hauteur de 70 à 20 mètres. Une promenade exceptionnelle dans une forêt de chênes.

Horaires
Visite tous les samedis, dimanches à partir de Pâques pendant les mois d'avril, mai, juin & septembre. Ouvert tous les jours de 14 à 19h, sauf le mardi du 1er juillet au 31 août - groupes de mars à octobre sur R.V. Tél: 47.52.80.99

Le manoir des Basses-Rivières

Bourgueil

La cave de la Dive Bouteille

Cette cave creusée dans le roc a une température constante de 12°. Elle abrite une exposition de pressoirs anciens dont l'un date du XVIème siècle. A voir également la collection de photographies présentant la situation du vignoble. Dégustation possible.

Horaires
- *de juin à septembre, de 10h00 à 12h30 et de 14h30 à 19h30.*
- *hors saison de 10h00 à 12h00 et de 14h00 à 18h00.*
- *octobre, novembre, février et mars, ouvert le W.E. et J.F.*
- *fermé en décembre et janvier. Tél.: 47.97.72.01*

Le Moulin Bleu

Le moulin de la lande, appelé Moulin Bleu est un "cavier" de style angevin. La hucherolle repose sur un cône en pierres de tailles, édifié lui-même sur une terrasse dont les assises sont voûtées. Le meunier faisait pivoter la hucherolle à l'aide de l'échelle selon l'orientation du vent. Les ailes du Moulin Bleu ont été modifiées en 1835 et en 1930 selon le procédé "Berton" : elles devinrent à vantaux. Actuellement, elles ont été restaurées sur un modèle du XVème siècle. Les meules servirent à la mouture des céréales, puis au broyage de l'écorce de châtaignier afin d'en extraire le tan ou tanin destiné aux tanneries de Bourgueil.

- *ouvert tous les après-midis du 15 avril au 15 septembre - tous les jours. Tél.: 47.97.71.41*

Benais

Champignonnière

Dans cette champignonnière, on y cultive le champignon dit de "Paris". C'est une culture de champignons de "couches".

Horaires
- *ouvert du lundi au vendredi de 7h00 à 12h00 et de 13h30 à 16h30. Tél.: 47.97.35.04*

Vouvray

Ecomusée du Canton de Vouvray
30, rue Victor Hérault
37 - Vouvray

C'est un musée qui se trouve en partie creusé dans le roc. Il évoque le travail du tonnelier ainsi que l'histoire du vin et de la vigne.
A noter que l'on peut y déguster les vins de la région et y faire quelques achats.
Horaires - de 10h00 à 19h00 toute l'année et tous les jours Tél.: 47.52.76.00

Savonnières

Les grottes Pétrifiantes

La formation des grottes remonte à l'ère secondaire. A l'intérieur, vous pourrez y admirer d'étincelantes concrétions, des stalactites, un lac, des souterrains, des cascades pétrifiantes, un cimetière gallo-romain et des animaux pétrifiés.
Dans ce monde insolite, l'eau qui ruisselle pétrifie les objets, créant d'étonnants reliefs, ciselant la calcite aux creux des moules en gomme spéciale. Vous pourrez également visiter le musée de la pétrification.
Horaires
- ouvert du 1er février au 28 et du 12 novembre au 15 décembre tous les jours sauf le jeudi de 9 h00 à 12h00 et de 14h00 à 18h00.
- du 1er mars au 31 et du 1er octobre au 11 novembre, tous les jours de 9h00 à 12h00 et de 14h00 à 18h00.
- du 1er avril au 30 septembre de 9h00 à 19h00.
- fermé du 16 décembre au 31 janvier. Tél.: 47.50.00.09

Les grottes pétrifiantes à Savavonnières

Les circuits "découverte des troglos"
Maine-et-Loire

Circuit numéro 1
Saumur - Montsoreau *(environ 20 kilomètres)*

Pour les circuits du Maine-et-Loire et de la Touraine, nous vous conseillons d'utiliser la carte Michelin n° 64.

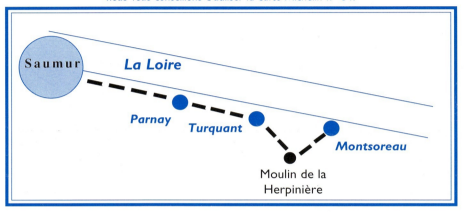

La route empruntée par cet itinéraire est jalonnée d'habitats troglodytiques dont la plupart sont encore habités.

- Saumur
- Au départ de Saumur, les caves de Gratien-Meyer (voir page 34).

- Parnay
- Château du Marconnay (page 20).

- Turquant
Turquant un village qui a su conserver sa véritable identité. Le visiteur qui saura laisser sa voiture pour déambuler dans les rues à pied sera comblé par l'ambiance "troglo" de Turquant.
- Troglo'Tap (page 21).
- La Grande Vignolle (page 20).
- Le Moulin de la Herpinière (page 20).

- Montsoreau
Les hauts quartiers de Montsoreau dominent la Loire. Le point de vue y est grandiose.
- Les caves du Saut-aux-Loups (page 21).

Circuit numéro 2
Saumur - Coutures par Gennes *(environ 25 kilomètres)*

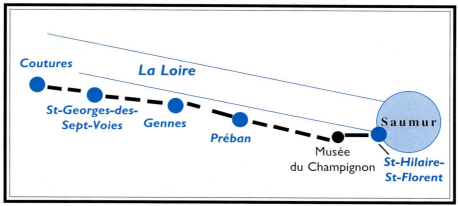

La route qui mène de Saumur à Gennes (rive gauche) est pleine de charme. Quelques habitats troglodytiques et surtout beaucoup de caves jalonnent cet itinéraire. Prendre son temps et ne pas hésiter à s'arrêter pour savourer la beauté des sites.

- Saumur
- Au départ de Saumur par St-Hilaire-St-Florent, les caves à vins
  (Veuve Amiot, Bouvet-Ladubay, Langlois-Château et Akermann - page 34).
- Le Musée du Champignon (page 19).

- Préban
- La cave aux moines (page 18).

- Gennes
- La Bardinière est un vestige d'un ancien château avec un escalier monumental descendant vers un souterrain.

- St-Georges-des-Sept-Voies
- L'orbière (page 15).

- Coutures
- Etiau
Ce hameau se situe près de Coutures. Son château est particulièrement magnifique et illustre parfaitement l'habitat troglodytique seigneurial.
- Montsabert
Ce petit village est plein de charme. Sa rue troglodytique qui longe le château mérite le détour.

Circuit numéro 3
Saumur - Coutures par Doué-la-Fontaine *(environ 30 kilomètres)*

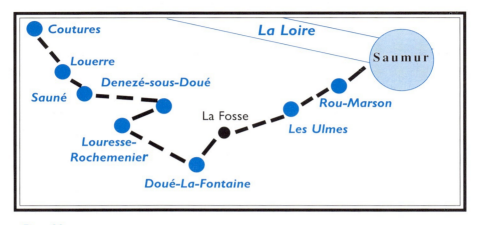

- Rou-Marson
   - *Logis seigneurial et restaurant troglodytique.*

- Les Ulmes
   - *La Rousselière est un hameau dont une partie troglodytique abrite des demeures.*

- Doué-la-Fontaine
   - *La Fosse (page 17).*
   - *Les Perrières (page 15).*
   - *Le Zoo (page 16).*
   - *La Boutinière (page 15).*

- Louresse-Rochemenier
   - *Village troglodytique (page 15).*

- Denezé-sous-Doué
   - *Caverne sculptée (page 18).*

- Sauné (Ambillou-Château)
C'est un hameau troglodytique du XIXème siècle. L'ensemble a été admirablement bien restauré à des fins d'habitat principal. Rendre visite à Monsieur Lebreton, potier.

- Louerre
La Cour d'Avort est une cave d'extraction à l'ancienne avec un ensemble d'habitations d'ouvriers creusées le long du côteau. Coutures (voir page 27).

Les circuits "découverte des troglos"
Indre-et-Loire

Circuit numéro 1
Tours - Cangey - Amboise - Montlouis (environ 70 kilomètres)

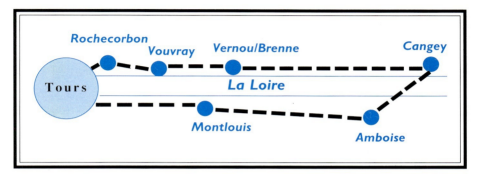

- Rochecorbon
Cette petite ville aux ruelles pleines de charme, offre d'agréables promenades durant lesquelles le visiteur pourra découvrir de vieilles demeures tourangelles mais également de nombreuses habitations troglodytiques accrochées au versant du côteau.
- Le Manoir des Basses-Rivières (page 23).

- Vouvray
Ce village très connu pour ses vins, s'étage sur les versants des côteaux qui dominent la rive droite de la Loire. Il a su conserver d'anciennes maisons troglodytiques.
- Ecomusée du Pays de Vouvray (page 25).

- De Vernou-sur-Brenne à Cangey (D1)
Cette route offre un alignement continuel de "troglos" qui sont malheureusement quelquefois cachés par de nouvelles constructions.

- Amboise (D 751)
Les "troglos" d'Amboise se situent essentiellement à Belle-Roche dans le haut quartier à la Côte Chaude et le long de l'Amasse. Dans un dédale de venelles, les promenades y sont admirables.

- Montlouis-sur-Loire
La petite ville de Montlouis-sur-Loire s'étend sur les pentes de tuffeau où de nombreuses caves ont été creusées.

Circuit numéro 2

Tours - Langeais - Lignières-de-Touraine - Savonnières *(environ 70 kilomètres)*

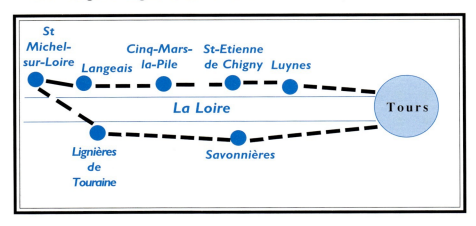

De **Luynes** à **St-Michel-sur-Loire**, les maisons troglodytiques ont véritablement envahi le côteau. Tout le long de la route, le visiteur pourra découvrir des hameaux presque entièrement "troglos". A noter cependant que la plupart sont habités. Ne pas hésiter à laisser la route principale pour emprunter les petites rues transversales qui recèlent de très beaux habitats troglodytiques.

De **Lignières-de-Touraine** à **Savonnières** le côteau est surtout creusé de caves qui servent aujourd'hui essentiellement de remises.

- Savonnières

  - Les grottes pétrifiantes (page 25).

Circuit numéro 3
Tours - Dierre - Montrichard - Bourré *(environ 45 kilomètres)*

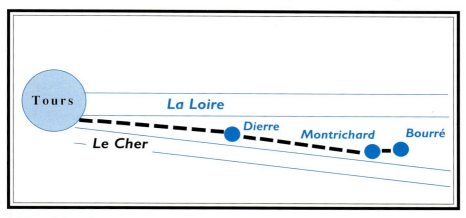

- Montrichard

En dehors de l'aspect médiéval de la ville qui sait charmer le visiteur, il faut emprunter les Petits Degrés Ste-Croix pour parvenir à des maisons troglodytiques.

Sur la route de **Tours** à **Montrichard** en passant par **Saint-Martin-le-Beau**, **Dierre** et **Chissay-en-Touraine**, les habitats troglodytiques sont répartis en petites grappes sur la rive droite du Cher. Certaines de ces maisons sont encore habitées.

- Bourré

Mais le village le plus pittoresque reste Bourré à 3 kilomètres de Montrichard. Sa grande renommée vient de ses carrières de pierres tendres qui, depuis des siècles, ont servi à la construction de villes entières et de châteaux. Avant l'extraction, cette roche accuse une teinte légèrement verdâtre qu'elle perd pour devenir blanche lorsque l'eau de "carrière" qu'elle contient, s'est évaporée à l'air et au soleil. Certaines de ces carrières ont été transformées aujourd'hui en champignonnières ou en caves de champagnisation.

Ce village s'étage en terrasses irrégulières. Les "troglos" sont anciens et très sains du fait de leur orientation vers le sud. Aspect insolite, les cheminées fort nombreuses, débouchent sur les terrasses supérieures aménagées en jardinets. Les promenades à faire dans les ruelles permettent de découvrir des maisons accolées au rocher, d'autres entièrement creusées dans la roche.

Circuit numéro 4
Chinon - Crissay-sur-Manse - St-Epain - Vilaines-les-Rochers - Pont-de-Ruan
(environ 60 kilomètres)

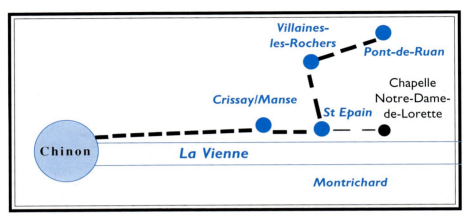

- Chinon
- *La Chapelle Ste-Radegonde (page 22)*
- *Les caves Painctes (page 22)*
- *La cave Monplaisir (page 22).*

- Crissay-sur-Manse
Crissay-sur-Manse est un petit village très pittoresque qui a su garder quelques vieilles demeures troglodytiques. La visite vaut le détour.

A partir de **St-Epain**, la route de *Courtineau* qui mène à la Chapelle Notre-Dame-de-Lorette, revêt un caractère très pittoresque car elle est bordée du ruisseau de la Manse et d'une falaise creusée de demeures "troglos". La Chapelle Notre-Dame-de-Lorette est un oratoire du XVème siècle en partie creusé dans la falaise à côté d'un logis troglodytique de la même époque.

- Vilaines-les-Rochers
Villaines-les-Rochers, à 7 kilomètres d'Azay-le-Rideau, est depuis fort longtemps réputé pour sa vannerie. Cette tradition se perpétue aujourd'hui dans de très belles habitations "troglos".

En partant de Villaines-les-Rochers, prendre la D 17 qui mène à Pont-de-Ruan. Sur cette route qui longe l'Indre, vous pourrez découvrir des excavations troglos qui servent aujourd'hui de caves ou de remises.

Où déjeuner et dîner dans des troglos

Maine et Loire

Les caves de la Genevraie
13, rue du Musée
49700 - Louresse-Rochemenier
Tél.: 41 - 59 - 34 - 22 ou 41 - 59 - 04 - 06
De mi-juin à mi-septembre : ouvert t.l.jours.
- Hors saison : vendredi soir, samedi soir et dimanche midi.
Spécialités : fouaces cuites à l'ancienne.

Les caves de Rou Marson
Rou Marson
49400 - Saumur Tél.: 41 - 50 - 50 - 05
Du 15 juin au 15 septembre : du mardi soir au dimanche midi.
Hors saison : vendredi soir, samedi soir et dimanche midi. Fermeture annuelle en janvier.
Spécialités : Fouaces cuites à l'ancienne.

La Grande Vignolle
49730 - Turquant Tél.: 41 - 38 - 16 - 44
Ouvert d'avril à décembre
Hors saison, fermé le dimanche soir et le lundi.

La champignonnière du Saut-aux-Loups
Route de Chinon
49730 - Montsoreau Tél.: 41 - 51 - 70 - 30
- Juin et septembre : le dimanche midi.
- Juillet et août : tous les midis sauf lundi.
Spécialités : les galipettes cuites au feu de bois.

Les Pieds Bleus
Préban
49350 - Chenehutte Tél.: 41 - 67 - 95 - 64 .
Vendredi soir, samedi soir et dimanche soir.
Spécialités : les fouets.

Le Mandarin
Val Hulin
49730 - Turquant
Tél.: 41 - 38 - 10 - 28
Spécialités : asiatiques.

Indre et Loire

La Grotte
23 ter Pineau
37190 - Azay-le-Rideau Tél.: 47 - 45 - 21 - 04
Fermé le lundi et le jeudi soir.
Fermeture annuelle : janvier et première semaine de septembre.
Spécialité : Cassolette d'escargots aux épinards et aux cèpes.

Les Hautes Roches
86, quai de la Loire
37210 - Rochecorbon Tél.: 47.52.88.88
Fermé en basse saison le dimanche soir et le lundi.
Fermeture annuelle : deuxième quinzaine de février et première quinzaine de mars.

L'Oubliette
34 rue des Clouets
37210 - Rochecorbon Tél.: 47 - 52 - 50 - 49
Fermé le dimanche soir et le lundi.

La Cave
68, quai Albert Baillet
37270 - Montlouis/Loire Tél.: 47 - 45 - 05 - 05
Fermé le dimanche soir.
Spécialités : Grillades au feu de bois.

Le Relais de Belle Roche
14, rue de la Vallée
37270 - Montlouis-sur-Loire Tél.: 47.50.82.43
Fermé le mardi soir et le mercredi.

La Cave Martin
62, rue Vallée Coquette
37120 - Vouvray Tél.: 47.52.62.18

Caves de la Croix Verte
20, route d'Amboise
37530 - Pocé/Cissé
Tél.: 47.57.03.65

Déguster et acheter du vin dans une cave troglodytique.

Maine et Loire

Saint-Cyr-en-Bourg

Cave des Vignerons de Saumur
Horaires d'ouverture
Du lundi au samedi. Toute l'année : de 8h00 à 12h00 & de 14h00 à 18h00.
De juin à septembre : ouvert le dimanche.
Tél.: 41.83.43.23

Saumur

Caves Gratien-Meyer
Route de Chinon Tél.: 41.51.01.54.
Horaires d'ouverture
Du 1er mars au 30 septembre : de 9h00 à 11h30 & de 14h00 à 17h30.
Du 1er octobre au 28 février : de 10h00 à 11h45 & de 15h00 à 17h15.

Caves de Grenelle
20, rue Marceau
Tél.: 41.50.17.63
Horaires d'ouverture
Du lundi au jeudi : de 8h00 à 12 00 & de 13h 30 à 17h30.
Le vendredi de 8h00 à 12h00 & de 13h30 à 16h30.

Chacé

Musée du Saumur Champigny
Place de la Mairie Tél.: 41.52.94.66
Horaires d'ouverture.
Sur rendez-vous toute l'année.

Préban

La Cave aux Moines
49350 - Chênehutte Tél.: 41.51.35.55
De Pâques au 1er octobre de 10h00 à 19h00.

Saint-Hilaire-Saint-Florent

Caves Ackerman
Rue Léopold Palustre
Tél.: 41.50.25.33.
Horaires d'ouverture
Du 1er avril au 30 septembre : de 9h00 à 11h30 & de 14h30 à 17h30 (semaine). 9h00 à 11h30 & de 15h00 à 17h30 (week-ends et jours fériés).
Du 1er octobre au 31 mars : du lundi au vendredi 9h00 à 11h30 & de 14h30 à 17h30.

Caves Bouvet-Ladubay
1, rue de l'Abbaye
Tél.: 41.50.11.12
Horaires d'ouverture
Du 1er mai au 30 septembre : tous les jours de 8h00 à 19h00 sans interruption.
Du 1er octobre au 30 avril : semaine 8h00 à 12h00 & de 14h00 à 18h00.
Week-ends et jours fériés : de 9h30 à 12h30 & de 14h30 à 18h30.

Caves Langlois-Château
3, rue Palustre
Tél.: 41.50.28.14
Horaires d'ouverture
Du 1er mai au 30 octobre tous les jours de 10h00 à 12h30 et de 15h00 à 19h00.

Caves Veuve-Amiot
Rue Ackerman
Tél.: 41.50.25.24
Horaires d'ouverture
Du 1er avril au 15 octobre : tous les jours de 10h00 à 18h00.

Turquant

La Grande Vignolle
49730 - Turquant Tél.: 41.38.16.44
Ouvert d'avril à décembre de 10h00 à 19h00.

Indre-et-Loire
Vin de Bourgueil

Maître Viemont Robert
Le Machet
37140 - Benais
Tél.: 47.97.30.16

Druet Pierre
Le Pied Fourier
37140 - Benais
Tél.: 47.97.37.34

Audebert et Fils
Domaine du Grand Clos
Avenue Jean Causeret
37140 - Bourgueil
Tél.: 47.97.70.06

Delaunay Marc
La Lande
37140 - Bourgueil
Tél.: 47.97.80.73

Chasle Christophe
La Makowo
37130 - Saint-Patrice
Tél.: 47.96.95.95

Boucard René
Les Chenaies
37140 - Ingrandes-de-Touraine
Tél.: 47.96.96.30

Gambier Paul
37140 - Ingrandes-de-Touraine
Tél.: 47.96.98.77

Billet Jean-Yves
Domaine des Forges
37140 - Restigné
Tél.: 47.97.32.87

Caslot Pierre
Chevallerie
37140 - Restigné
Tél.: 47.97.37.18

Galbrun Marc
La Croix-de-Pierres
37140 - Restigné
Tél.: 47.97.33.49

Chinon

Couly Père et fils
Clos de l'Echo
37500 - Chinon
Tél.: 47.93.05.84

Plouzeau Pierre
54 Faubourg Saint-Jacques
37500 - Chinon
Tél.: 47.93.16.34

Maison Angelliaume
La Croix-de-Bois
37500 - Cravant-les-Côteaux
Tél.: 47.93.06.35

Baudry Jean & Christophe
La Perrière
37500 - Cravant-les-Côteaux
Tél.: 47.93.15.99

Baudry Bernard
Côteau de Sonnay
37500 - Cravant-les-Côteaux
Tél.: 47.93.15.79

G.A.E.C. Gouron René & Fils
La Croix-de-Bois
37500 - Cravant-les-Côteaux
Tél.: 47.93.15.33

Dormir dans les troglos

Maine et Loire

S.C.I. Troglodyte
Mr Hugel
22, rue de l'Abbaye
49700 - Doué-la-Fontaine Tél.: 41-59-28-78
Gîte d'étape à Louresse-Rochemenier

Mr & Mme Leroux
49350 - St-Georges-des-Sept-Voies
Tél.: 41 - 51 - 81 - 76
Gîte d'étape à St Pierre en Vaux.

S.C.I. Troglodyte
La Pigeonnière
49700 - Rochemenier
Service Réservation : 41 - 20 - 09 - 99

Le Petit Targé
Mr & Mme Coquema
4, rue du Petit Targé
49730 - Parnay
Service réservation : 41 - 20 - 09 - 99
Gîte semi-troglodytique dans le côteau.

Mr & Mme Gauthier
Les Acacias
49350 - St-Pierre-en-Vaux
Maison dans un site semi-trglodytique.
Service réservation : 41 - 20 - 09 - 99

Centre de Séjour des Perrières
545, rue des Perrières
49700 - Doué-la-Fontaine
Tél.: 41 - 59 - 71 - 29
Hébergement collectif. Cuisine, amphi...

Mr Aschard Jean-Marc
La Bardinière
49350 - Gennes
Service réservation : 41 - 20 - 09 - 99
Maison semi-troglodytique.

Indre-et-Loire

Les Hautes-Roches
86, quai de la Loire
37210 - Rochecorbon
Tél.: 47.52.88.88

Où danser dans les troglos

Maine-et-Loire

Le Tar'Tuff Club
La Fosse
49700 - Meigne
Tél.:41.59.22.24 ou 41.59.27.78

Indre-et-Loire

L'Optimum
Les Perrières
37500 - Candes-Saint-Martin
Tél.: 47.95.80.63

Le Pressoir
Vaux
37150 - Civray-de-Touraine
Tél.: 47.23.92.21

La Sarrazine
Route d'Artanne
37190 - Azay-le-Rideau
Tél.: 47.45.31.11

Ghostland
Rue Principale
37270 - Larçay
Tél.: 47.50.32.46

Les caveaux rabelaisiens
Villegron
37500 - La Roche-Clermault
Tél.: 47.93.04.53